Deutsche Seewarte

Anweisung zur Führung des Kleinen Meteorologischen Tagebuchs, Form A

und zur Aufstellung von abgekürzten Wettermeldungen (1932)

Deutsche Seewarte

Anweisung zur Führung des Kleinen Meteorologischen Tagebuchs

und zur Aufstellung von abgekürzten Wettermeldungen (1932)

ISBN/EAN: 9783954270583
Erscheinungsjahr: 2012
Erscheinungsort: Bremen, Deutschland

© *maritimepress in Europäischer Hochschulverlag GmbH & Co. KG, Fahrenheitstr. 1, 28359 Bremen. Alle Rechte beim Verlag und bei den jeweiligen Lizenzgebern.*

www.maritimepress.de | office@maritimepress.de

Bei diesem Titel handelt es sich um den Nachdruck eines historischen, lange vergriffenen Buches. Da elektronische Druckvorlagen für diese Titel nicht existieren, musste auf alte Vorlagen zurückgegriffen werden. Hieraus zwangsläufig resultierende Qualitätsverluste bitten wir zu entschuldigen.

Deutsche Seewarte

Meteorologisches Tagebuch und Seeobs-Beobachtungen

Deutsche Seewarte

Anweisung

zur Führung des

Kleinen Meteorologischen Tagebuches, Form A

und zur Aufstellung von abgekürzten Wettermeldungen

Vorwort.

Die Einbeziehung von Fischdampfern in den See-Wettermeldedienst bedingte die Einführung eines besonderen Meteorologischen Tagebuches, das zur Aufnahme der auf See ausgeführten Beobachtungen dient. Dieses wird unter der Bezeichnung

Kleines Meteorologisches Tagebuch, Form A

von der Deutschen Seewarte herausgegeben.

In seiner Einrichtung ist das Tagebuch dem für diese Beobachtungen zugrunde gelegten a b g e k ü r z t e n Wetterschlüssel von vier Gruppen angepaßt worden.

Die Beobachtungen dienen der Förderung der Bordmeteorologie und werden dem synoptischen Funkwetterdienst und der meteorologischen Forschung nutzbar gemacht.

Die Eintragungen der Beobachtungen nach dem beigegebenen abgekürzten internationalen Wetterschlüssel wird das Interesse für die Meteorologie und deren Kenntnis fördern und daher keinen Schwierigkeiten begegnen, zumal dieses Verfahren auch schon auf den Navigationsschulen gelehrt wird.

Die Führung des Meteorologischen Tagebuches stellt gewisse Anforderungen an den Beobachter, die aber genaueren Eintragungen zugute kommen werden. Durch das Schlüsseln der einzelnen Beobachtungen wird sich der Beobachter eingehender mit der jeweiligen Wetterlage beschäftigen müssen, um die richtige Schlüsselzahl wählen zu können. Die meteorologischen Vorgänge auf See werden mehr wie bisher das Interesse der Beobachter finden. Die Verwendung der täglichen eigenen Beobachtungen in Verbindung mit denen anderer Schiffe und des Funkwetterberichtes im eigenen Interesse ist das, wonach jeder Beobachter streben sollte. Sie versetzen gewissenhafte Beobachter in die Lage, sich aus diesem gesammelten Material Bordwetterkarten-Skizzen zeichnen zu können, um hieraus mit einiger Sicherheit das Wetter der nächsten Stunden vorhersehen zu können.

Die Deutsche Seewarte hofft, daß mit der Einführung dieses Beobachtungsdienstes auf See in Zusammenarbeit mit der Handelsschiffahrt, soweit diese im allgemeinen internationalen „Seeobsdienst" steht, ihr Wetternachrichtendienst so ausgebaut werden kann, daß sie allen Wünschen in bezug auf meteorologische Beratung auf See Rechnung tragen kann. Sie kann diesen Wünschen jedoch nur gerecht werden, wenn in dem bisherigen Nachrichtennetz die bestehenden Lücken geschlossen werden durch einen weitgehenden Beobachtungsdienst in allen Meeresgebieten.

Die Deutsche Seewarte richtet daher an alle Schiffsführungen die Bitte, sich möglichst zahlreich an diesem Beobachtungsdienst zu beteiligen und damit die Durchführung der gestellten Aufgabe zu ermöglichen im Interesse der Gesamtwirtschaft.

Hamburg, September 1932.

Deutsche Seewarte.
Dominik.

Anweisung
zur Führung des
Kleinen Meteorologischen Tagebuches, Form A
und zur Aufstellung von abgekürzten
Wettermeldungen

Hierzu 1 Schlüsseltafel.

Meteorologische Beobachtungen und Wettermeldungen von See sind notwendig, wenn die Wettervorgänge auf See erkannt und vom Wetterdienst brauchbare Wetterberichte und -Voraussagen für Seegebiete zum **praktischen Nutzen** der Seefahrt und Seewirtschaft abgegeben werden sollen!

Der größte Wert muß auf **Gewissenhaftigkeit** bei der Führung des Meteorologischen Tagebuchs gelegt werden. Es ist ja selbstverständlich, daß nur wirklich gute Beobachtungen eine zuverlässige Auswertung bei der Seewarte ermöglichen. Nicht einwandfreie Beobachtungen sind nicht nur wertlos, sondern schädlich, denn sie täuschen falsche Ergebnisse vor, die sich zum Schaden der Praxis auswirken können.

Das gilt besonders für die Wettermeldungen, die im täglichen See-Wetterdienst verwertet werden. Aus bestimmten Seegebieten, gerade denjenigen, die für die Fischerei von Bedeutung sind, liegen meist nur sehr wenige Wettermeldungen vor; hier kommt es oft auf **jede einzelne** Beobachtung an, und wenn diese dann nicht einwandfrei ist, kann ein von der Seewarte daraufhin ausgegebener Seewetterbericht, z. B. im Hochseerundfunk für die Fischerei, keinen Nutzen bringen.

Eine ausreichende Zahl von guten Wettermeldungen ermöglicht es erst der Seewarte, eine brauchbare Wetterberatung für die Schiffahrt und Fischerei durchzuführen!

Für die **Wettermeldung** kommen die ersten 13 Spalten des Meteorologischen Tagebuchs in Frage. Wenn das Tagebuch richtig ausgefüllt ist, so setzen sich die eingeschriebenen Zahlenwerte von selbst zum Telegramm zusammen. Durch Radio abzugeben sind im allgemeinen die Meldungen nach den Beobachtungen von 0600 und 1800 Uhr M. G. Z. Bei starkem Witterungsumschwung sollen jedoch auch Beobachtungen zu den Terminen 0000 oder 1200 M. G. Z., oder zu einem besonderen Zwischentermin als Meldungen abgegeben werden.

Die Wettermeldungen sind sobald als möglich nach der angestellten Beobachtung funktelegraphisch oder funktelephonisch an die Seewarte abzusetzen. Können die Wettertelegramme nicht innerhalb von 6 Stunden nach dem Beobachtungstermin abgesetzt werden, so muß die Weitergabe als zwecklos unterbleiben. Die Wettermeldungen werden mit Vorzug befördert, das Telegramm trägt als einzige Anschrift das Wort „Seewarte". Unter keinen Umständen dürfen die Wettertelegramme über ausländische Küstenfunkstellen geleitet werden.

Die meteorologischen Beobachtungen werden, wie auf See für am Wettermeldedienst beteiligte Schiffe allgemein festgesetzt, zu den **Greenwich-Zeiten** 0000, 0600, 1200 und 1800 Uhr ausgeführt.

Für alle Wettermeldungen von See gilt international einheitlich ein Schiffs-Wetterschlüssel. Während den Bordbeobachtungen nach dem Großen Meteorologischen Tagebuch und den hiernach zusammenzustellenden großen Wettermeldungen der volle Wetterschlüssel von 7 Gruppen zu je 5 Ziffern zugrunde liegt, bildet die Grundlage des vorliegenden **Kleinen Meteorologischen Tagebuchs (Form A)** der auf die 4 ersten Gruppen abgekürzte Wetterschlüssel, die **abgekürzte Wettermeldung** besteht also aus 4 Gruppen zu je 5 Ziffern.

Von diesen 4 Gruppen geben die ersten beiden die Zeit- und Ortsangabe, die letzten beiden die meteorologischen Beobachtungen, nämlich Wind, Wetter und Sicht (also 3 „Augen"-Beobachtungen) und Luftdruck und Lufttemperatur (also 2 instrumentelle Beobachtungen); **es handelt sich somit nur um die wichtigsten und notwendigsten Angaben.**

Schlüsselform: PQLLL   lllGG   DDFww   BBVTT

   Bedeutung der Schlüsselbuchstaben:

1. Gruppe
- P = Wochentag
- Q = Erdoktant, in den der Schiffsort fällt
- LLL = Geographische Breite des Schiffsortes

2. Gruppe
- lll = Geographische Länge des Schiffsortes
- GG = Mittlere Greenwich-Zeit der Beobachtung

3. Gruppe
- DD = Windrichtung
- F = Windstärke
- ww = Wetter zur Zeit der Beobachtung

4. Gruppe
- BB = Luftdruck
- V = Allgemeine horizontale Sichtweite
- TT = Lufttemperatur.

Das vorliegende Tagebuch ist dieser Schlüsselform entsprechend eingerichtet. Die Beobachtungen werden der Reihenfolge des Schlüssels nach in das Tagebuch verschlüsselt eingetragen und setzen sich nach Anbringung der notwendigen Verbesserungen von selbst zum Wettertelegramm zusammen.

Nähere Anweisung zur Führung des Meteorologischen Tagebuchs.

Auf der Vorseite des Blockes sind Fabrikname und Nummer des Aneroid-Barometers und der Thermometer anzugeben sowie die Instrumentenfehler (Korrektionen) nach dem jeweils neuesten Prüfungszeugnis mit Angabe des Prüfungstermins. Jedes Instrument hat stets eine Korrektion; diese wird von der Deutschen Seewarte durch Prüfung bestimmt. Auch die durch etwaige anderweitige Vergleiche ermittelten Korrektionen sind hier unter Angabe von Vergleichszeit und -ort einzutragen.

Es wird gebeten, die Namen der Beobachter deutlich einzutragen.

Die **Ausfüllung der Spalten** des Tagebuchblattes zeigt das dieser Anweisung beigefügte **Beispiel**. Jedes Blatt soll die Beobachtungen nur von einem Tage (= 24 Stunden) aufnehmen. Die Eintragungen gelten für den **Augenblick** der Beobachtungen (nicht etwa für die Zeit seit der letzten Beobachtung). Alle Richtungen rechtweisend.

Die Ausfüllung der **Spalten P (Wochentag)** und **Q (Erdoktant)** ist notwendig für die Abfassung der Wetter-Telegramme. Siehe die Skalen auf der Schlüsseltafel unter „Gruppe I".

Spalte 1 und 2. Der astronomisch bestimmte, gegißte oder durch Peilungen ermittelte Schiffsort ist möglichst jedesmal einzutragen, bestimmt aber mittags. Für die Abfassung von Wettertelegrammen ist die Ortsangabe unerläßlich, da nur dann eine Verwertung im Wetterdienst stattfinden kann.

Breite und Länge in Zehntelgraden.

Spalte 3 und 4. Wie schon anfangs erwähnt, sind die Beobachtungszeiten die 4 Greenwicher Zeiten 0000, 0600, 1200 und 1800 Uhr. Falls die Möglichkeit zur Abgabe von Wettermeldungen an die Seewarte besteht, sind die Beobachtungen von **0600 und**

1800 Uhr M. G. Z. zu telegraphieren, aus diesem Grunde sind diese Zeiten im Tagebuchformular durch fetteren Druck hervorgehoben. Es wird aber gebeten, unabhängig davon zu allen 4 Terminen zu beobachten, so ist z. B. für nachträgliche Untersuchungen über die Wetterentwickelung auf See gerade der 1200 Uhr-Termin besonders wichtig.

Zwei Reihen des Formulars sind mit Termin-Zeiten nicht festgelegt, hier ist die Möglichkeit gegeben, auch für Zwischentermine Beobachtungen einzutragen, um besonders wichtige Witterungsvorkommen durch zusätzliche Beobachtungen festzuhalten.

Spalte 5 und 6. Wind **zur Zeit** der Beobachtung (nicht Mittelwert seit der letzten Beobachtung). Der Wind wird am einfachsten nach dem Verhalten der Oberfläche des Wassers unter dem Einfluß des Windes unter Vergleich mit Kurs und Geschwindigkeit des Schiffes bestimmt. Siehe die Tabelle VI über die „Auswirkungen der Windstärke auf die See" auf der Schlüsseltafel.

D D = **Windrichtung** rechtweisend, nach der 32teiligen Skala (08 = Ost, 16 = Süd, 24 = West, 32 = Nord) siehe Skala für D D auf der Schlüsseltafel unter Gruppe III.

Die folgenden Bemerkungen zur Verschlüsselung von D D können, **brauchen** aber nicht berücksichtigt werden.

1. Wenn der Wind innerhalb der letzten Stunde vor dem Beobachtungstermin außergewöhnlich böig war oder am Beobachtungstermin selbst außergewöhnlich böig ist, wird, wie es in der Schlüsseltafel angegeben ist, die Zahl 33 zu der Windrichtung nach der 32teiligen Skala addiert. Beispiel: WNW-Wind, starkböig: Schlüsselzahl 26 + 33 = 59 (siehe Skala der Schlüsseltafel.)

2. Wenn innerhalb der letzten Stunde vor dem Beobachtungstermin eine „Böenlinie" den Beobachtungsort passierte, wird die Zahl 67 zu der Windrichtung nach der 32teiligen Skala addiert.

   Beim Passieren der Böenlinie tritt meist ein kräftiger Schauer ein, der von starken Windstößen mit nachfolgender Winddrehung und plötzlichem Temperaturfall sowie ruckweisem Barometeranstieg begleitet wird. Die Böenlinie erscheint in der Natur meist als langgestreckte Wolkenwalze (Wolkenkragen) von drohendem Aussehen.

Die **Windstärke** nach Beaufort-Skala; vgl. Schlüsseltafel für F.

Geht die Windstärke über 9 hinaus, so ist bei der Abfassung des Wettertelegramms F = 9 zu setzen und die wahre Stärke am Schluß des Telegramms in Worten hinzuzufügen. Beispiel: Ist die Windstärke 10 nach Beaufort, so ist in das Telegramm F = 9 einzusetzen und am Schluß der Zusatz zu machen: „schwerer Sturm 10".

Spalte 7. Wetter zur Zeit der Beobachtung = ww auf der Schlüsseltafel.

Der Gebrauch dieser Skala ist einfacher, als es vielleicht zunächst den Anschein hat! Die Skala ist nämlich nach **Zehner-Stufen** eingeteilt mit besonderer (fetter gedruckter) Überschrift. Man muß sich also zunächst für eine dieser 10 Hauptgruppen entscheiden und sucht dann von den wieder 10 Fällen dieser Hauptgruppe den zutreffenden Fall und die somit richtige Zahl für ww heraus. Herrschen z. B. zur Zeit der Beobachtung starke Regenschauer, so kommt für ww nur die Zehner-Stufe „Schauer" = 80—89 in Frage, und die Zahl 82 = starker Regenschauer ist jetzt leicht zu finden.

Bemerkungen zur Verzifferung von ww.

a) Die Bezeichnungen bei einer Witterungserscheinung „ohne Unterbrechungen" und „mit Unterbrechungen" beziehen sich auf die letzte Stunde vor der Beobachtung.

b) Wenn mehrere Ziffern des Schlüssels für die Bezeichnung des Wetters anwendbar sind, ist die **höchste** anwendbare Ziffer zu benutzen.

c) Die Ziffern 20—29 d ü r f e n n i e m a l s g e b r a u c h t werden, wenn zur Zeit der Beobachtung Niederschlag fällt.

d) Die Ziffern 80—89 dürfen nur angewandt werden, wenn der Niederschlag Schauercharakter trägt und zur Zeit der Beobachtung niedergeht. Die Wolken, welche Schauer hervorrufen, sind getrennt stehende Wolken und die Schauer sind daher immer von kurzer Dauer. Zwischen den einzelnen Schauern tritt ein deutliches Sichtbarwerden des blauen Himmels ein, es sei denn, daß Schichtwolken (Stratus-Form) die Zwischenräume zwischen den Schauerwolken ausfüllen. Hinter einer „Böenlinie" (siehe oben, Anmerkung 2 bei D D) herrscht meist ausgesprochenes Schauerwetter (Rückseite eines Tiefdruckgebiets).

e) Von den Ziffern 30, 40, 50, 60, 70, 80, 90 ist möglichst kein Gebrauch zu machen. Diese sieben Ziffern sind nur eingeführt worden, um besonderen Ausnahmefällen gerecht werden zu können, nämlich, wenn der Beobachter glaubt, keine passende, genauere Witterungsbezeichnung finden zu können.

f) Die Anwendung der Ziffern w w = 35—39 kommt für Bordbeobachtungen nicht in Frage.

Spalte 8—11: Luftdruck. Die Luftdruckbestimmung ist sehr wichtig und deshalb sorgfältig und regelmäßig auszuführen.

Das Tagebuch ist eingerichtet für Ablesungen am Quecksilberbarometer wie am Aneroid = Metallbarometer. Da die vorliegende Form A des Tagebuchs aber im allgemeinen nur von Fischdampfern benutzt wird, für die ein Quecksilberbarometer nicht in Frage kommt, so beschränkt sich diese Anweisung auf das Aneroidbarometer.

Das **Aneroidbarometer** ist kein so zuverlässiges Instrument zur Bestimmung des Luftdrucks wie das Quecksilberbarometer. Das Aneroid ist zu ausreichend genauer Messung des Luftdrucks nur dann verwendbar, wenn es unter ständiger Kontrolle gehalten wird durch **Prüfungen und durch Vergleichungen** mit dem Quecksilberbarometer; es kann nämlich leicht seine Einstellung ändern, einmal allmählich durch Veränderung der Elastizität des inneren Metall-Mechanismus, dann ruckweise durch vorkommende Erschütterungen. Vor der Ablesung soll man zwar beim Aneroidbarometer durch schwaches Klopfen die Zeigereinstellung etwas befördern, aber dieses „Klopfen" muß äußerst behutsam und gering geschehen und nur 1—2 Male, und zwar nur unmittelbar vor dem Beobachtungstermin. **Jedes stärkere Beklopfen und jedes Beklopfen überhaupt außerhalb der für die Eintragung ins Tagebuch vorgesehenen Beobachtungszeiten ist unzulässig,** denn es schädigt das Instrument durch die Erschütterung, verändert seine Korrektion und verfälscht so die Ablesungen!

Das Aneroidbarometer ist also möglichst oft prüfen zu lassen; zum mindesten ist die durch die jeweils letzte Prüfung festgestellte „Korrektion" durch Vergleiche am Quecksilberbarometer vor und nach jeder Reise nachzuprüfen und ihre etwaige Änderung auf diese Weise festzustellen, wobei jeder Vergleich auf die Vorseite des Tagebuchs mit Zeitangabe vermerkt werden muß. Die Korrektion kann verschieden sein je nach der Höhe des herrschenden Luftdrucks.

Das Aneroidbarometer ist unabhängig von der Temperatur und Schwere. Es soll so eingestellt sein, daß es den Luftdruck im Meeresniveau anzeigt, also unter Berücksichtigung der Seehöhe der Aufhängestelle; falls dies nicht der Fall sein sollte, ist für die **Seehöhe** folgende Verbesserung anzubringen: für 1 m Höhe + 0.1 mm, für 6 m z. B. dann + 0.6 mm.

Die Zeigereinstellung am Aneroidbarometer darf nur bei Gelegenheit der im Tagebuch ausdrücklich vermerkten Prüfungen durch die Prüfungsstelle verändert werden, **sonst nicht!**

Für die Ausfüllung der für den Luftdruck im Tagebuch vorgesehenen Spalten kommt bei der Ablesung am Aneroidbarometer nur in Betracht Spalte 9, Spalte 10a (jedes Aneroid hat immer einen Instrumentenfehler; auch wenn dieser zufällig 0.0 sein sollte, ist 0.0 in Spalte 10a einzutragen!) und Spalte 10e = wahrer Luftdruck = abgelesener Stand + Instrumentenfehler.

Die auf der Schlüsseltafel angegebenen Tabellen I, II, III für die Verbesserungen des am Quecksilberbarometer abgelesenen Luftdruckwertes fallen also bei der Ablesung am Aneroidbarometer weg.

Die Aneroidbarometer haben meistens eine Teilung nach Millimetern, die Ablesung geschieht nach Zehnteln. Der in Spalte 10e angegebene Wert des wahren Luftdrucks nach Zehnteln Millimeter ist dann mit Hilfe der Tabelle IV der Schlüsseltafel unter Zuhilfenahme der rechtsstehenden kleinen Interpolationstabelle (zur Berücksichtigung der Zehntel) in das internationale Luftdruckmaß **Millibar** umzuwandeln und **auf ganze Millibar abgerundet** unter Streichung der Hunderter- und Tausenderziffern in **Spalte 11** einzutragen. **Beispiel:** Am Aneroid abgelesener Stand: 764.1 mm (Spalte 9 = 64.1). Instrumentenfehler: — 0.8 mm. Verbesserung für die Seehöhe des Aneroids: + 0.4 mm, also Verbesserung zusammen — 0.4 mm (Spalte 10a bzw. 10c), = 763.7 mm (Spalte 10e = 63.7) = 1018.1 Millibar, also B B = 18 in Spalte 11.

Denjenigen Schiffen, die am drahtlosen Wettermeldedienst teilnehmen, liefert die Seewarte auch Aneroide, die gleich mit einer **Millibar-Teilung** versehen sind. Auch in diesem Falle sind ebenso wie in dem obigen Beispiel die Spalten auszufüllen, nur gleich mit Millibarwerten (mb): Ablesung: 1018.7 mb (Spalte 9 = 18.7); Instrumentenfehler: — 1.1 mb, Verbesserung für die Seehöhe

+ 0.5 mb, Gesamtverbesserung somit — 0.6 mb (Spalte 10a bzw. 10e), wahrer Luftdruck in mb = 1018.1. (Spalte 10e = 18.1), auf ganze mb abgerundet B B = 18 (Spalte 11).

Spalte 12: Allgemeine horizontale Sichtweite. Siehe Schlüsseltafel in Gruppe IV: Tabelle für V. Beispiel: Sichtmarken in 2 Seemeilen Entfernung nicht mehr sichtbar, unterhalb dieser Grenze jedoch noch sichtbar = schwach diesig (Dunst), V = 5.

Spalte 13: Lufttemperatur. Die Lufttemperatur wird am Thermometer in Zehntel Celsius-Graden abgelesen und in Spalte 13 unter dem die Zeile aufteilenden Strich eingetragen. Über diesem Strich ist dann der auf ganze Grade abgerundete Wert der Lufttemperatur einzutragen = TT, also gleich der bei der Wettermeldung abzugebenden zweistelligen Zahl. Die Abrundung findet nach der nächstliegenden ganzen Gradzahl statt: bei $^5/_{10}$ Graden rundet man stets nach der nächsthöheren ganzgradigen Temperatur ab. Bei Temperaturen unter 0° wird die Zahl 50 zur Gradzahl hinzugezählt.

Beispiele: + 17.5 bis + 18.4 Grad, T T = 18
           + 1.5 „ + 2.4 „   „ = 02
           + 0.5 „ + 1.4 „   „ = 01
           + 0.0 „ + 0.4 „   „ = 00
           — 0.5 „ — 0.1 „   „ = 50
           — 1.5 „ — 0.6 „   „ = 51
           — 2.5 „ — 1.6 „   „ = 52
           — 14.5 „ — 13.6 „   „ = 64

Auch die Thermometer haben **Instrumentenfehler**, die durch **Prüfung** festzustellen sind und auf der Vorseite des Tagebuchs mit Angabe des Prüfungstermins aufzuschreiben sind. Diese Verbesserungen sind bei der Ausfüllung der Spalte 13 im Tagebuch gleich anzubringen.

Achtung! Zweck der Temperaturmessung ist, die nach Möglichkeit **unverfälschte** Temperatur der **frischen Außenluft** zu bestimmen. Das Thermometer darf **nicht** von der Sonne beschienen werden, denn „Temperaturen in der Sonne" sind **ohne** Sinn! Das Thermometer darf auch nicht von Regen oder Spritzern benäßt sein! Die frische Außenluft muß an das Thermometer herankommen können.

Auf Fischdampfern ist die Aufstellung einer Thermometer-Hütte, die zur Aufnahme der Luftthermometer bestimmt ist und das Instrument vor Sonnenstrahlen und Regen schützen soll, im allgemeinen nicht möglich. Um so mehr ist also hier bei dem ungeschützten Thermometer auf möglichst gute Aufhängung zu achten; der Aufhängungsort soll durch die erwärmte Schiffsluft und daher verfälschte Lufttemperatur soweit als möglich nicht beeinflußt werden.

Die Seewarte verteilt an diejenigen Fischdampfer, die sich am Wettermeldedienst beteiligen, versuchsweise „Schleuderthermometer", d. h. Thermometer, die gefaßt sind und an einem Handgriff in rasche Umdrehung versetzt werden können. Durch die so erzielte künstliche Ventilation erfolgt eine starke Herabsetzung der schädlichen Einflüsse und gute Anpassung an die wahre Lufttemperatur. Selbst in der Sonne kann hiermit gemessen werden, sofern kein beschatteter Platz zu finden ist, doch muß bei der Ablesung selbst das Thermometer wieder rasch beschattet werden. Bei Regen ist die Temperaturmessung mit dem Schleuderthermometer an einem möglichst vor Regen geschützten Platz vorzunehmen, solange keine Schutzvorrichtung für das offenliegende Quecksilbergefäß vorgesehen ist. Anfallende Feuchtigkeit an das Quecksilbergefäß verursacht infolge Verdunstung beim Schleudern zu niedrige Lufttemperaturen. Die Messung mit dem Schleuderthermometer soll auf der **Luvseite** des Schiffes geschehen. Falls die Bestimmung der Lufttemperatur nicht hinreichend einwandfrei möglich war, wird gebeten, dies mit Angabe des Grundes in Spalte 23 unter „Bemerkungen" zu notieren.

Spalte 14. Wassertemperatur in Zehntelgraden. Die Wassertemperatur wird ebenfalls auf Zehntelgrade Celsius genau gewünscht. Werden nur volle Grade eingetragen, so sind diese Beobachtungen für gewisse Untersuchungen nicht verwendbar. Das Wasser soll nicht aufgepumpt werden, sondern muß unmittelbar aus dem Meere von der Oberfläche mit einer Pütze aufgeschlagen werden. Die Wasserentnahme hat nach Möglichkeit vom Vorschiffe aus zu erfolgen, vor Ausgüssen usw. Nach dem An-Deck-nehmen die Pütze an einen schattigen und windgeschützten Platz stellen. Das Thermometer oben anfassen, eintauchen und das Wasser langsam damit umrühren. Etwa ¾—1 Minute im Wasser stehen lassen, dann ablesen. Während der Ablesung das Thermometer im Wasser eingetaucht lassen. Die Schätzung auf Zehntelgrade ist sorgfältig auszuführen.

Spalte 15. Betrag der gesamten Himmelsbedeckung ohne Rücksicht auf die Wolkenarten, und zwar nach der Tabelle N auf der Schlüsseltafel. Es wird zunächst geschätzt, wieviel Zehntel des Himmelsgewölbes die Wolken bedecken. Ist der Himmel z. B. etwa zur Hälfte mit Wolken bedeckt, d. h. zu $5/10$, so muß ich in der Skala die Zahl 4 nehmen $= 4/10 - 5/10$ des Himmels bedeckt. Weiteres Beispiel: sämtliche vorhandenen Wolken bedecken $8/10$ des gesamten Himmels, dann ist in Spalte 15 nach der Skala der Schlüsseltafel die Zahl 6 einzutragen.

Wenn Bewölkung oder blauer Himmel durch herrschenden Nebel hindurch sichtbar ist, wird die Stärke der Himmelsbedeckung so angegeben, als wenn kein Nebel vorhanden ist. Ist der Himmelszustand durch Nebel hindurch nicht mehr erkennbar, so ist entsprechend der Skala die Ziffer 9 hier einzutragen.

Spalte 16. Wolkenarten. Diese Spalte kann nur von demjenigen Beobachter ausgefüllt werden, der in der Wolkenkunde einige Erfahrung hat. Die Seewarte liefert auf Anforderung Wolkentafeln mit Bildern und Beschreibung der verschiedenen Wolkenformen.

Hohe Wolken: Cirrus (Federwolken) = Ci
Cirro-Stratus (hohe Schleierwolken) = Cist
Cirro-Cumulus (Schäfchenwolken) = Cicu

Mittelhohe Wolken: Alto-Cumulus (hohe Haufenwolke) = Acu
Alto-Stratus (hohe Schichtwolke) = Ast

Tiefe Wolken: Cumulus (Haufenwolke) = Cu
Strato-Cumulus (unregelmäßige Schichtwolke) = Stcu
Stratus (tiefe Schichtwolke, gehobener Nebel) = St
Nimbus (Regenwolke) = Nb

Wolke mit großer vertikaler Erstreckung:
Cumulo-Nimbus (Gewitter- und Böenwolke) = Cunb.

Spalte 17 und 18. Seegang und Dünung in rechtweisender Richtung und Stärke nach Skalen, siehe Tabelle V der Schlüsseltafel. Bei gleichzeitigem Vorhandensein von Seegang und Dünung sind also 2 Werte hier einzutragen, bei der Dünungsangabe ist hinter der Richtung (Dg) zu setzen.

Beispiel: Herrscht grobe See aus SW und gleichzeitig hohe mittellange Dünung aus W, so ist aufzuschreiben: SW 4
W (Dg) 7

Spalte 19 und 20. Besteckversetzung in rechtweisender Richtung und Betrag in Seemeilen. Der Unterschied zwischen dem astronomischen und gegißten Schiffsort ergibt die Besteckversetzung. Voraussetzung ist, daß bei der Loggerechnung nicht etwa eine mutmaßliche Strömung schon hineingerechnet worden ist. Um Versetzungen in kürzeren Zeiträumen zu erhalten als 24 Stunden und damit alle Strömungen zu erfassen, ist es erforderlich, daß der Schiffsort häufiger als einmal durch astronomische Beobachtungen oder Landpeilungen am Tage bestimmt wird. Nicht nur der Ort der Strömung wird hierdurch genauer bestimmt, sondern auch die Richtung und Geschwindigkeit.

Spalte 21 und 22. Gesteuerter rechtweisender Kurs und die Distanz alle 4 Stunden. Der anliegende Kurs ist für die örtliche Ablenkung auf dem betreffenden Kurs für die am Schiffsorte geltende Ortsmißweisung und gegebenenfalls für die durch den Wind und Seegang hervorgerufene Abtrift zu verbessern. Hieraus ergibt sich der gesteuerte rechtweisende Kurs durch das Wasser. Eine Berichtigung und Einrechnung der mutmaßlichen Strömung darf weder bei dem Kurse noch bei der Distanz erfolgen.

Spalte 23. Bemerkungen. Die hierunter erbetenen sonstigen wichtigen Beobachtungen sind mit genauer Angabe von Zeit (M.G.Z.) und Ort einzutragen. Außer den im vorgedruckten Text unter Bemerkungen angeführten Angaben sind auch andere sonstige allgemein interessierende Beobachtungen erwünscht, wie z. B. alle vulkanischen Erscheinungen; Ausbrüche, Seebeben, Seebebenwellen, Asche und Bimstein, fallend oder auf dem Meere treibend. Auffallende starke Strömungen, Stromkabbelungen, Elmsfeuer und Blitzwirkungen, Luftspiegelungen, Wasserhosen, Polarlichter, fallende Meteore, Höfe und Ringe (Halo) um Sonne und Mond. Alle diese Erscheinungen verdienen besondere Erwähnung und in manchen Fällen eingehender Beschreibung unter genauer Angabe der Zeitdauer und evtl. Messungen über Höhe und Ausdehnung mit Richtungsangaben.

Spalte 24 und 25. Temperatur am Meeresboden unter Angabe der Uhrzeit. Diese Beobachtungsspalte kommt nur für solche Schiffe in Frage, die mit den hierzu erforderlichen Instrumenten (Kippthermometer mit Einrichtung) ausgerüstet sind. Eine genaue Anweisung über die Anwendung dieses Instrumentes wird den Schiffen jeweils besonders mitgegeben.

Eintragungen für besondere Beobachtungen.

Hier sind alle solche Beobachtungen einzutragen, die unter den bisher genannten Spalten nicht erwähnt wurden. Im besonderen kommen **Eismeldungen** von Fischdampfern in den Gebieten um Island und in der Barentsee in Frage. Die Eintragungen von Eismeldungen sind nach dem beigegebenen Schlüssel, Tabelle VII der Schlüsseltafel, verschlüsselt aufzusetzen und dem Wettertelegramm unter Zwischenschaltung des Wortes „Eis" anzuhängen.

Für alle Eismeldungen ist ein einheitlicher Eismeldeschlüssel vorgesehen, der für die meldenden Dampfer wie für die Wiederverbreitung an die Schiffahrt Geltung hat. Der Schlüssel besteht aus 2 Gruppen zu je 5 Ziffern. Die erste dieser Gruppen enthält Angaben über Wochentag, Zeit und Ort nach Breite, die zweite Gruppe Angaben über den Ort nach Länge und Art des gesichteten Eises. Die Eismeldungen werden nach folgendem Eismeldeschlüssel verschlüsselt:

$$P \; Z \; L \; L \; L \qquad l \; l \; l \; E \; E$$

Bedeutung der Schlüsselbuchstaben:

I. Gruppe
- P = Wochentag
- Z = Ungefähre Zeitangabe der Beobachtung nach M. G. Zt.
- LLL = Geographische Breite

II. Gruppe
- lll = Geographische Länge
- EE = Art des gesichteten Eises.

Die Eisbeobachtungen werden der Reihenfolge des Schlüssels nach in das Tagebuch verschlüsselt eingetragen und setzen sich von selbst genau wie das Wetter-Telegramm zu einem Eistelegramm zusammen.

Die Angaben des Wochentages und ungefähre Zeitangabe, die durch 8 Ziffern von 3 zu 3 Stunden zum Ausdruck kommt, ist erforderlich, da nicht in allen Fällen die Sichtung des Eises zeitlich mit der Wettermeldung zusammenfällt. Gleichartig liegen auch die

Verhältnisse für die geographischen Angaben nach Breite und Länge, wo das Eis gesichtet worden ist. Daher sind auch in dem Eistelegramm diese, nur auf das Eis zutreffende, genauen Angaben nochmals notwendig.

Für die Bezeichnung des Eises haben sich eine Anzahl technischer Ausdrücke gebildet, die die verschiedenen Arten des Eises angeben (siehe Tabelle). Diese Bezeichnungen sollen die Schiffsführungen in die Lage versetzen, zu erkennen, ob das gemeldete Eis der Ausübung der Fangtätigkeit gefährlich ist oder nicht. So kann erwartet werden, daß auch dieser Beobachtungsdienst von wirtschaftlichem Nutzen für die Fischerei sein wird.

Beispiel einer Wettermeldung nebst angefügter Eismeldung.

Siehe das dieser Anweisung angeheftete Tagebuch - Beispiel. Fischdampfer „Weser" sandte am 12. März 1932 auf Grund seiner Beobachtung folgendes Telegramm:

Seewarte 70634 14518 06622 19606 Eis 75628 13210.

Die entsprechende Schlüsselform lautet:

Seewarte PQLLL lllGG DDFww BBVTT Eis PZLLL lllEE.

Das obige Telegramm lautet entschlüsselt wie folgt:

Am Sonnabend (12. März 32) auf 63,4° Nordbreite und 14,5° Westlänge um 18.00^h M. G. Z. herrschte ein Wind aus ENE in Stärke von 6 Beaufort. Innerhalb der letzten Stunde, also zwischen 17.00 und 18.00^h M. G. Z., hat es geregnet, jedoch nicht in Schauern und nicht mehr während der Terminzeit um 18.00^h M. G. Z. Der Luftdruck betrug in Meereshöhe 1019 mb (= 764 mm). Die Lufttemperatur betrug +6° Celsius.

Ferner wurde am Sonnabend (12. März 32) zwischen 12.00 und 15.00^h M. G. Z. auf 62,8° Nordbreite und 13,2° Westlänge ein einzelner Eisberg gesichtet.

Form

Jahr, Monat und Datum
12. März 1932

D. "Weser" K

10°-Quadrat	I. Gruppe				II. Gruppe				III. Gruppe				Luftdruck			
	Wochentag	Erdoktant	Breite		Länge			Horizont	Wind		Wetter zur Zeit der Beobachtung	Thermometer am Barometer	Abgelesener Stand	Verbesserung		
			astronomisch	gegisst	astronomisch	gegisst	Zeit in Greenwich		Richtung	Stärke nach Beaufort				Instrumententefehler	o o t =	Höh = o t Höh u. Se in(4)
	P	Q	LLL		1:1		GG		DD	F	ww		700 +		a b c
	7	3		58.1		01.2	0000	0100	02	3	03	—	63.1	-0.8	—	:0.
	7	0		60.2		04.7	0600	0700	06	5	25	—	61.4	-0.8	—	+0.
	7	0	62.6	62.5	12.7	12.6	1200	1300	06	7	22	—	63.1	-0.8	—	+0.
	7	0		63.4		14.5	1800	1900	06	6	22	—	64.8	-0.7	—	+0.
	1		2		3			4	5	6	7	8	9	a b 10 c		

Bemerkungen 23

Hier gebe man alle sonstigen wichtigen Beobachtungen, z. B. über Veränderungen von Richtung und Stärke des Windes, über Böen, über Zugrichtung der Wolken unter Angabe der Wolkenart (Ci, A-Cu, usw.) über treibende Gegenstände, wie Eis, Tang, Wracke usw., alles unter genauer Zeitangabe. Auch Angaben über das erste und letzte Auftreten von Land- oder Seevögeln, von fliegenden Fischen usw. sind erwünscht. Bei atmosphärischen Störungen (Hurrikane, Taifun usw.) sind eingehende Ausführungen erwünscht. (Rückseite oder besondere Bogen benutzen.) Magnetische Erscheinungen, Reichweite von Funkfeuer u. dergl.
Beobachtungen über Eis sind verschlüsselt dem Wettertelegramm anzuhängen und unter Spalte Bemerkungen aufzunehmen.

Zu 0000

„ 0600   Erst um 0904 M.G.Z. W

„ 1200   Um 13^h sichteten auf 62.8

„ 1800   Dem 18^h Wettertelegramm

das Telegramm ist 1840 N

Raum für Vermerke der bearbeitenden Stelle

Unter der Küste von Islan

Von 2000—2200 M.G.Z.

bis zu 20° erreichten, in a

A

n: *Reinhardt*   Eingangs-Nr. *771*

	IV. Gruppe							Seegang und Dünung (Dg)		Besteckversetzung		Gesteuerter rechtweisender Kurs und Distanz Alle 4 Stunden	
Wahrer Luftdruck i. mm	Abgerundeter wahrer Luftdruck in Millibar (mb)	Horizontale Sichtweite nach Skala	Lufttemp. l. zehntel Grade (darüber in ganzen Graden) 17 / 16.8	Wassertemperatur in zehntel Graden	Betrag der gesamten Himmelsbedeckg. nach Skala	Wolkenarten		Richtung r. w.	Stärke nach Skala 0—9	Richtung r. w.	Betrag in Sm.	Kurs	Distanz
700 +	BB	V	TT										
62.7	17	7	08/8.4	7.5	8	Cu		NNO	2			N 40° W	34
												N 45° W	32
61.0	15	6	06/5.9	6.2	8	Acu		ONO	3			N 45° W	34
62.7	17	6	07/6.7	6.1	8	Cu		ONO	3	N 45° W	10	N 45° W	34
												N 45° W	34
64.5	19	6	06/6.2	6.4	8	Cu		SW (Dg.) ONO	4 2			N 45° W	34
e	11	12	13	14	15	16		17	18	19	20	21	22

	Bodentemperatur	
	Uhrzeit	Temper.
	12ʰ40	+7.2
legramm von 0600 über D.A. *C.* ℞. abgesetzt (eigene Senderstörung).	14ʰ00	+4.5
13.2 einen einzelnen Eisberg.	16ʰ00	+5.2
de diese Eismeldung wie folgt angehängt: Eis 75628 13210	18ʰ00	+6.5
Z. über D.A.C. abgesetzt.		
intragungen für besondere Beobachtungen		
bachteten starke Stromkabbelung Richtung NW - SO.		
chteten starkes Polarlicht, Erscheinungsform: Strahlen, die eine Höhe		
ilung NNW - NNO.		
	24	25